Taschenbücherei
Arbeitsheft

Herausgegeben von
Klaus-Ulrich Pech und Rainer Siegle

Thomas Brinx und Anja Kömmerling

Alles Machos – außer Tim! Alles Hühner – außer Ruby!

erarbeitet von Karin Pohle

Ernst Klett Verlag
Stuttgart · Leipzig

Textquellen:

S. 20: Aus: Hermann Hesse: Die Gedichte 1892–1962. Suhrkamp Verlag, Frankfurt am Main 1977, S. 228. **S. 21:** http://Lyrics.songtext.name (abgerufen am 19.06.2007) **S. 22–25:** http:// www.helles-koepfchen.de (abgerufen am 20.06.2007) **S. 26:** Aus: Rich Wallace: Spielzeit. Übersetzt aus dem Amerikanischen von Reiner Pfleiderer. Carlsen Verlag, Hamburg 1998, S. 7–8.

Bildquellen:

Umschlag, S. 1 und S. 2: © Corbis (RF), Düsseldorf. **S. 5/1:** Süddeutscher Verlag (Heddergott A.), München. **S. 5/2:** Visum (Thomas Langreder), Hamburg. **S. 5/3:** Jupiterimages GmbH (IFA-Bilderteam / BE&W), Ottobrunn / München. **S. 18:** Picture-Alliance (dpa/epa AFP Michael Gagne), Frankfurt. **S. 22:** Getty Images (Brian Summers/First Light), München. **S. 26:** Mauritius (Eugen Gebhardt), Mittenwald.

Nicht in allen Fällen war es uns möglich, den Rechteinhaber ausfindig zu machen. Berechtigte Ansprüche werden selbstverständlich im Rahmen der üblichen Vereinbarungen abgegolten.

Textverweise beziehen sich auf das Taschenbuch der Reihe
Taschenbücherei. Texte & Materialien
Thomas Brinx und Anja Kömmerling:
Alles Machos – außer Tim!/ Alles Hühner – außer Ruby!
Ernst Klett Schulbuchverlag, Leipzig 2004.
ISBN 978-3-12-262470-5

1. Auflage 1 5 4 3 2 1 | 2011 2010 2009 2008 2007

Alle Drucke dieser Auflage sind unverändert und können im Unterricht nebeneinander benutzt werden. Die letzte Zahl bezeichnet das Jahr dieses Druckes.

Internetadresse: www.klett.de

Redaktion: Veronika Roller
Layoutkonzeption: Sandra Schneider
Herstellung: Dea Hädicke
Satz: Meyle + Müller GmbH + Co. KG, Medien-Management, Pforzheim
Umschlagfoto: © Corbis (RF), Düssedorf

Reproduktion: Meyle + Müller GmbH + Co. KG, Medien-Management, Pforzheim
Druck: Medienhaus Plump, Rheinbreitenbach
Printed in Germany

ISBN 978-3-12-262632-7

Einstiege

Textsicherung

Themen & Aspekte

Werkzeugkasten

Servicehinweise

Einzelarbeit
Partnerarbeit
Gruppenarbeit
Plenum

I „Weiber & Kerle“

Mädchen sind …

- ....
- ....
- ....
- ....
- ....

Jungen sind …

- ....
- ....
- ....
- ....
- ....

Mädchen und Jungen sind …

- ....
- ....
- ....
- ....
- ....

1 Notiere in die Kästchen Adjektive und Partizipien, die ausdrücken, was du vom „anderen Geschlecht“ hältst und was beide Geschlechter gemeinsam haben.

2 Übertrage aus jedem Kästchen den dir wichtigsten Begriff auf eine Karte.

3 Heftet eure Karten an die Tafel/an die Pinnwand und ordnet sie. Findet Ober- und Unterbegriffe.

4 Diskutiert das Ergebnis eurer Kartenabfrage.

▸▸ Werkzeugkasten S. 28

II In meiner Freizeit ist mir wichtig

In meiner Freizeit mache ich am liebsten:

....

1 Ihr sitzt oder steht im Kreis. Auf die Frage: Was ist dir in deiner Freizeit wichtig?, antwortet jeder aus der Klasse spontan in zwei Sätzen.

2 Notiere auf dem Notizblock anschließend, was du am liebsten in deiner Freizeit machst.

3 Wie unterscheidet sich euer Freizeitverhalten voneinander und welche Unterschiede gibt es zwischen den Mädchen und den Jungen? Arbeitet dazu in eurem Heft.

III Was ist Freundschaft?

WEN würde ich gerne befragen?

1 ....

2 ....

3 ....

4 ....

5 ....

Ich würde gerne .... befragen.

WAS würde ich gerne erfahren?

1 ....

....

....

....

2 ....

....

....

....

3 ....

....

....

4 ....

....

....

....

5 ....

....

....

....

WIE müssen daher meine Fragen lauten?

1 ....

....

2 ....

....

3 ....

....

4 ....

....

5 ....

....

Werkzeugkasten S. 29

- **1** Überlege dir zunächst fünf verschiedene Menschen, mit denen du gern ein Interview zum Thema „Was ist Freundschaft?“ führen würdest.
- **2** Entscheide, mit wem du dieses Interview tatsächlich führen kannst.
- **3** Formuliere zunächst allgemein, was du erfahren möchtest.
- **4** Leite dann fünf Fragen daraus ab und schreibe diese in die große Sprechblase.
- **5** Führe das Interview und übertrage deine Aufzeichnungen in eine Word-Datei.
- **6** Tauscht eure Dateien aus. Welche Gemeinsamkeiten und welche Unterschiede könnt ihr in euren Interviews feststellen?

I Familienbilder

Alinas Familie	Rubys Familie
• *Alinas Eltern sind reich.*	• *Rubys Eltern haben nicht so viel Geld.*
•	•
•	•
•	•
•	•
•	•
•	•
•	•

Gemeinsamkeiten der beiden
• *Alina und Ruby haben keine Geschwister.*
•
•
•

Gemeinsamkeiten mit meiner Familie
•
•
•

1 Rubys Familie und die ihrer Freundin Alina sind recht unterschiedlich. Beschreibe im jeweiligen Kasten, was die Familien der beiden unterscheidet und was sie gemeinsam haben.

2 Schreibe danach in den unteren Kasten, was deine Familie mit der Familien von Alina oder Ruby gemeinsam hat.

3 Was bedeutet für euch „Familie"? Diskutiert im Plenum.

S. 7–25

II Die Unzertrennlichen

Alle Welt weiß:
Ruby und Alina sind beste Freundinnen

....
....
....

....
....
....

....
....
....

Ruby und Alina trennen sich?

1 Was führt dazu, dass die Freundschaft von Alina und Ruby in große Gefahr gerät, auseinanderzubrechen? Findet gemeinsam Textstellen, die darstellen, was sich zwischen den beiden verändert. Tragt eure Ergebnisse mit eigenen Worten in die Banderolen ein.

S. 7–25

III Ein Junge, der Ballett tanzt

BALLETTSAAL

LÖWENEFFEKT

SCHWUL

....

....

POPCORN

LARRY

GELÄCHTER

BAUM

....

VERTRAUEN

NACHHILFE

FUSSBALL

....

KEINE SCHAM

ZWILLINGSSEELE

1 Hier sind eine Menge Stichworte abgedruckt, die die Beziehung zwischen Tim und Ruby abbilden. Beschreibe mit diesen Stichwörtern, wie sich die Freundschaft zwischen Ruby und Tim entwickelt. Benutze dafür alle hier abgedruckten Wörter und ergänze noch eigene. Arbeite dazu in deinem Heft.

2 Habt ihr verstanden, was der „Löweneffekt" ist (s. Taschenbuch: S. 45–48)? Erzählt einander vergleichbare Rituale, von denen ihr gehört oder die ihr selbst erfunden habt.

IV Was für eine Blamage!!!

Tim hat Karten für das Training besorgt. Langsam scheint sich was zu tun in Richtung Ruby & Bubi.

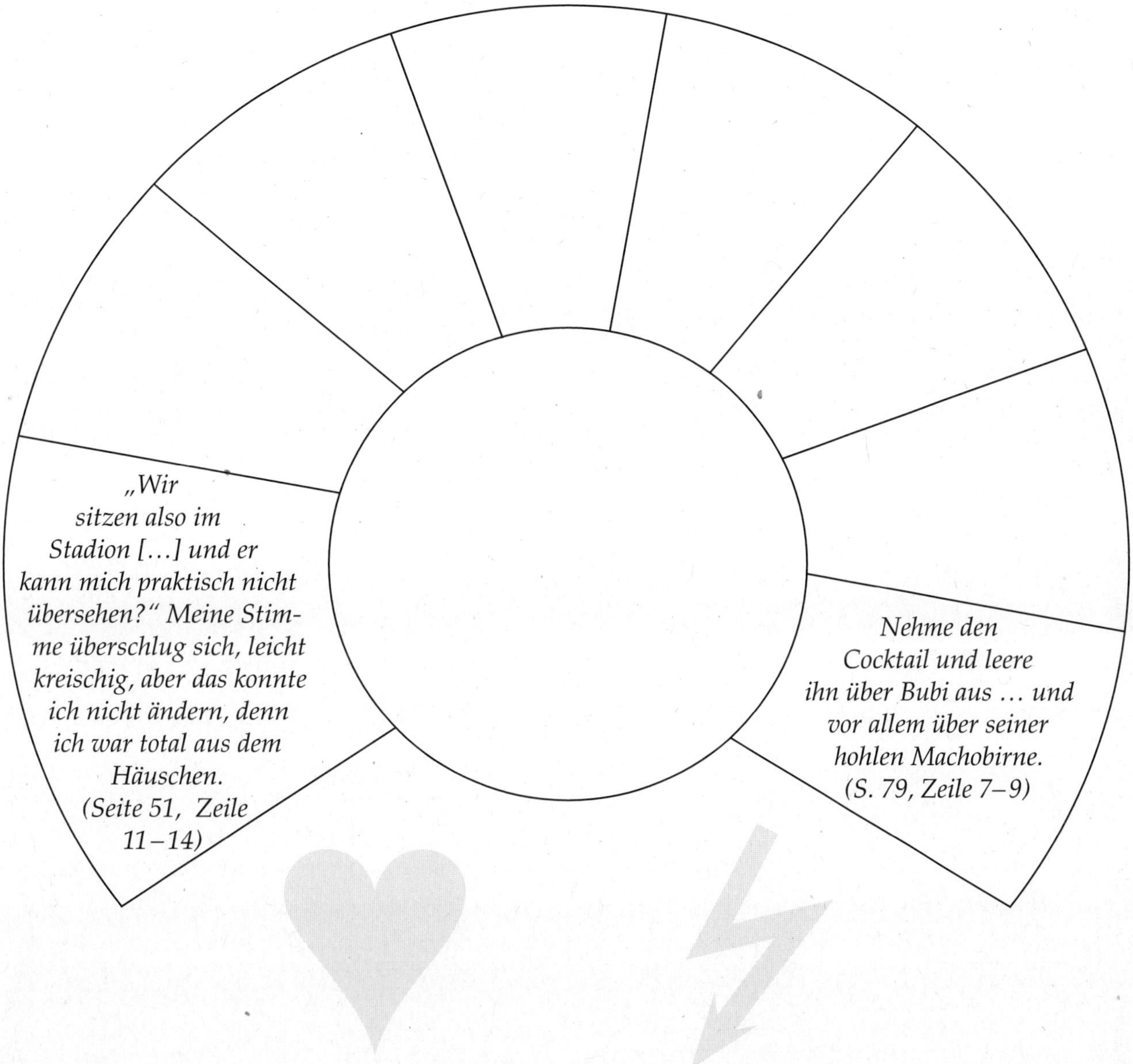

1 Verfolgt den Spannungsverlauf der ersten Begegnungen zwischen Ruby und Bubi genau (s. Taschenbuch: S. 51–79). Beschriftet den Spannungsbogen mit geeigneten Textzitaten, gebt dabei die Herkunft des Zitats an. Wo liegt der Höhepunkt in der Beziehung zwischen Ruby & Bubi? Sollte der Platz auf dieser Seite nicht ausreichen, arbeitet im Heft.

2 Diskutiert, warum Ruby erst so spät merkt, woran sie bei Bubi ist.

V Alles wieder gut?!

Ruby sind eine Menge komische Sachen passiert, und so scheint sie mit ihrem Latein am Ende. Aber dann passieren plötzlich angenehme und spannende Dinge und am Ende bekommt ihre Geschichte einen schönen Rahmen.

„Als ich aus der Freiheit raus bin, war ich komischerweise nicht wirklich am Boden zerstört. Ich war stolz, weil ich mich gewehrt hatte …“

1 Trage in den Bilderrahmen die Geschehnisse ein, die dazu führen, dass sich alles zu einem schönen Bild zusammenfügt. Verwende dazu passende Zitate oder eigene Formulierungen.

2 Ihr könnt eure Bilderrahmen auch auf ein gesondertes Blatt übertragen. Führt dann in der Klasse einen Museumsrundgang mit euren Bilderrahmen durch. Diskutiert eure Ergebnisse.

S. 80–106

VI Das Projekt Ruby

Ruby hat eine beste Freundin, namens Alina.

Was Tim vorhat:

1 Was weiß Tim alles über Ruby als er sein Projekt Ruby startet? Notiere sein Wissen in aussagekräftigen Sätzen in die Schreibzeilen.

2 Was genau versteckt sich hinter dem „Projekt Ruby" und welche Rolle spielt dabei Larry?

3 Formuliere anschließend in einem Satz, was Tim vorhat.

VII Angriff!

1 Tim traut sich: Er taucht an Rubys Ballettschule auf und mischt sich als einziger Junge unter den Haufen Mädchen. Er hat keine Ahnung vom Ballett. Fertige eine Zeichnung der Situation an. Skizziere die Figuren und den Ballettsaal: Wer und was befindet sich darin?

2 Beschreibt, wie es euch ergehen würde, wenn ihr euch in eine Situation begeben würdet, in der ihr noch nie ward und von der ihr befürchtet, dass ihr euch nicht angemessen verhalten könnt. Verwendet für die Beschreibung aussagekräftige Adjektive und Adverbien. Arbeitet dazu in eurem Heft.

S. 132–145

VIII Da geht etwas schief

„Alles ist so perfekt, als müsste es so sein und würde niemals anders werden." (S. 146)

1 Anfangs scheint alles wunderbar zu laufen. Doch dann fühlt sich Tim vom Pech verfolgt. Ruby sieht in ihm nicht das, was er sich sehnlichst wünscht, und nach und nach gerät die Situation in eine Schieflage. Notiere entlang der Linie in Form geeigneter Textzitate, was ausgehend vom großen Hochgefühl dazu führt, dass sich Tim schließlich weigert, länger mit Ruby Kontakt zu haben.

2 In der Literatur gibt es eine Menge an tragischen Liebesgeschichten. Welche davon sind euch bekannt? Erzählt sie nach, nutzt dafür entsprechende Informationsquellen oder veranstaltet eine Buchvorstellung.

IX Nie wieder reden über R.

TIM *Also Larry, man, ich wollte …*

....

....

....

LARRY ....

....

....

....

TIM ....

....

....

....

LARRY ....

....

....

....

1 Ein paar Tage nach dem großen Auftritt unterhalten sich Tim und sein Freund Larry. Tim hat das Bedürfnis, sich bei Larry zu bedanken. Schreibe den Dialog zwischen den beiden. Gehe auch kurz auf die Sache mit Tine ein.

2 Untersucht dafür zunächst die zwei Kapitel *Larrys Beratercouch* (s. Taschenbuch: S. 178 und 189 – 190) genauer auf die typische Sprechweise der beiden und lass deine Ergebnisse in die Gestaltung des Dialogs einfließen.

S. 178 – 194

X Eine Geschichte – zwei Storys

Die größten Missverständnisse zwischen		
Ruby	und	Tim

1 Ihr habt sicher schnell erkannt, was das Besondere am Buch „Alles Machos – außer Tim! Alles Hühner – außer Ruby!" ist: Die gleiche Geschichte wird zweimal erzählt, einmal aus der Sicht von Ruby und einmal aus der von Tim. Wo aber liegen die Unterschiede in deren Wahrnehmung, welche Missverständnisse sind vorhanden oder entstehen und wie lässt sich das erklären? Untersucht zur Beantwortung dieser Frage die folgenden Kapitel: *Vielleicht kommt Bubi doch noch vorbei* (s. Taschenbuch: S. 38 – 44) mit *Popcorn à la Tim* (S. 146 – 151) und *Zickenverein* (S. 51 – 59) mit *Larrys Beratercouch/Kurze Stirn, nichts im Hirn* (S. 159 – 167). Formuliert anschließend die größten Missverständnisse in einem Satz und tragt diesen in die Tabelle ein.

2 Welchen Vorteil hat Tim?

3 Findest du es in Ordnung, wie Tim sich Ruby gegenüber verhält? Schreibe eine kurze Stellungnahme. Arbeite dazu in deinem Heft.

XI Die Homepage einer „Machobirne“

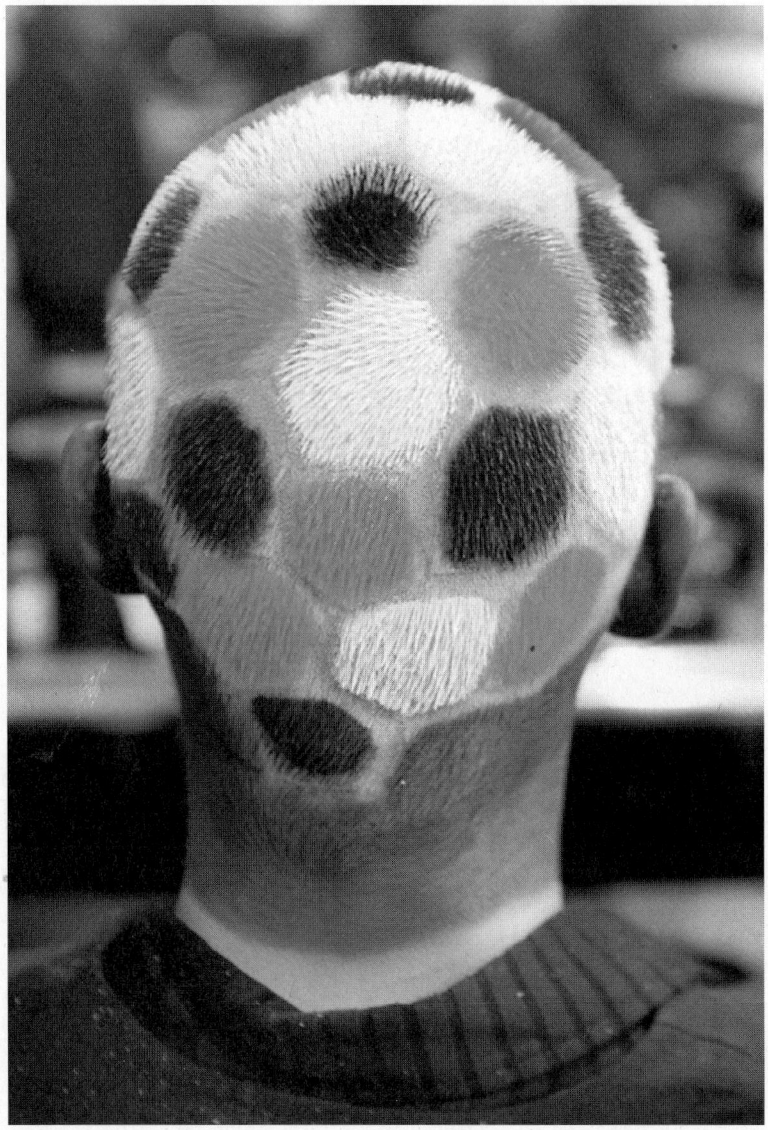

1 Entwerft die Homepage www.bubi.de von Tim Bubeck, dem Star der „Weißen“. Nutzt die Informationen aus dem Text (s. Taschenbuch: S. 24 und S. 42 – 43). Gestaltet die einzelnen Registerseiten auf A4- oder A3-Blättern als Plakate.

2 Programmiert die Homepage. Findet euch so in Gruppen zusammen, dass in jeder Gruppe mindestens eine Person ist, die das kann und der die anderen entweder zuarbeiten oder „über die Schultern“ schauen.

3 Sollte die Arbeit am PC nicht möglich sein: Präsentiert eure Homepage-Plakate im Plenum.

4 Warum gelten Fußballer so oft als ein „bisschen beschränkt“?

XII Ein halbes Jahr später: Ruby und ihr Tagebuch

Liebes Tagebuch, …

1 Was glaubst du, wie es sich zwischen Tim und Ruby ein halbes Jahr nach der Ballettaufführung weiterentwickelt hat: Gehen sie zusammen zum Fußball? Tanzt Tim weiterhin Ballett? Und was ist mit Alina und was mit Lines Küchenwänden? Schreibe einen möglichen Tagebucheintrag von Ruby, der über ihre Gefühle und ihren Alltag Auskunft gibt.

I Rubys und Alinas Lieblingsdichter

Hermann Hesse
Frühlingsnacht

Im Kastanienbaum der Wind
Reckt verschlafen sein Gefieder,
An den spitzen Dächern rinnt
Dämmerung und Mondschein nieder.

Alle Brunnen rauschen kühl
Vor sich hin verworrene Sagen,
Zehnuhrglocken im Gestühl
Rüsten feierlich zum Schlagen.

In den Gärten unbelauscht
Schlummern mondbeglänzte Bäume,
Durch die runden Kronen rauscht
Tief das Atmen schöner Träume.

Zögernd leg ich aus der Hand
Meine warmgespielte Geige,
Staune weit ins blaue Land,
Träume, sehne mich und schweige.

Mein erster Leseeindruck:

1 Fertige eine Inhaltsbeschreibung des Gedichtes an.
2 Markiere im Gedicht alle Stellen, die deiner Meinung nach wichtig sind, um ein Bild der „Frühlingsnacht“ zu malen.
3 Male dieses Bild oder schreibe ein Parallelgedicht mit dem Titel „Winternacht“.

II Ronnys und Lines Lieblingssong

Rolling Stones
Ruby Tuesday

Erste Notizen:

She would never say where she came from
yesterday don't matter if it's gone
while the sun is bright or in the darkest night
no one knows she comes and goes.

Goodbye, Ruby Tuesday
who could hang a name on you
when you change with every new day
still I'm gonna miss you.

Don't question why she needs to be so free
she'll tell you it's the only way to be
she just can't be chained to a life where nothing's gained
and nothing's lost at such a cost-

Goodbye, Ruby Tuesday
who could hang a name on you
when you change with every new day
still I'm gonna miss you.

"There's no time to lose" I heard her say
catch your dreams before they slip away
dying all the time lose your dreams and you
will lose your mind ain't life unkind.

Goodbye, Ruby Tuesday
who could hang a name on you
when you change with every new day
still I'm gonna miss you.

Text: Mick Jagger/Keith Richard

1 Übersetze den Text mithilfe eines Wörterbuches.
2 Stellt euch im Doppelkreis eure Übersetzungen vor. Entscheide nach zwei Durchgängen, was du in deiner Übersetzung verändern würdest.

III Homosexualität: Frau liebt Frau – Mann liebt Mann

Ehe zwischen homosexuellen Paaren

von Ingo Fischer und Kai Hirschmann

Wenn sich eine Frau und ein Mann sehr lieben, dann können sie heiraten und eine Familie gründen. Na klar, das ist schon seit Ewigkeiten so. Wenn dagegen zwei Männer oder zwei Frauen miteinander den „Bund fürs Leben" schließen wollen, kann es große Probleme geben. Am 5. Juni 2005 hat sich das Schweizer Volk klar dafür entschieden, dass künftig homosexuelle Paare im ganzen Land eine „Homo-Ehe" eingehen dürfen.

In Deutschland sind eingetragene homosexuelle (gleichgeschlechtliche) Partnerschaften seit vier Jahren möglich. Auch in der Schweiz hat sich das Volk in einer Abstimmung im Juni klar für ein entsprechendes Gesetz ausgesprochen. Dagegen kämpft die Regierung in Österreich mit Händen und Füßen gegen die so genannte „Homo-Ehe".

Von hundert Menschen sind etwa zwei bis fünf homosexuell, was „auf das gleiche Geschlecht orientiert sein" bedeutet. Da Österreich, die Schweiz und Deutschland zusammengerechnet knapp 100 Millionen Einwohner haben, sind demnach bis zu fünf Millionen Menschen in diesen Ländern homosexuell veranlagt. Das ist zwar eine Minderheit, aber dennoch sind es sehr, sehr viele Menschen.

Homosexuelle Männer fühlen sich nicht zu Frauen hingezogen, sondern zu anderen Männern. Das Gleiche gilt natürlich auch für

Frauen: Homosexuelle oder „lesbische“ Frauen machen sich nichts aus Männern, sondern sehnen sich nach einer Frau an ihrer Seite.

Vorurteile und Beleidigungen gegen Homosexuelle

Viele heterosexuelle Menschen sind immer noch der Meinung, dass mit Homosexuellen etwas nicht stimmt. „Heterosexuell“ ist das Gegenteil von homosexuell und bedeutet so viel wie „auf das jeweils andere Geschlecht orientiert sein“: Heterosexuelle Männer sehnen sich nach Frauen und heterosexuelle Frauen sehnen sich nach Männern. Über Homosexuelle gibt es viele Vorurteile und dumme Sprüche wie diese: „Lesben haben eben noch keinen richtigen Mann abbekommen.“ Oder: „Schwule (homosexuelle Männer) sind pervers, reden ‚tuntig‘ und haben als Kind nur mit Barbie-Puppen gespielt.“

Das stimmt natürlich nicht. Homosexuelle haben einfach eine andere Vorstellung von ihren Partnern als die meisten anderen Menschen. Aber deshalb sind sie weder besser noch schlechter als die heterosexuelle Mehrheit. Homosexualität ist auch keine Krankheit, wie man früher glaubte. Und deshalb ist eine gleichgeschlechtliche Orientierung natürlich auch nicht „heilbar“. Denn ob ein Mensch eine Frau oder einen Mann liebt, das ist zum Teil schon in den Genen, also dem menschlichen Erbgut, festgelegt. Welchen Einfluss die Erziehung hat, ist noch nicht vollständig erforscht.

Lange Zeit verheimlicht und verfolgt

Früher haben auch homosexuelle Menschen „normal“ geheiratet – aus Scham über sich selbst und aus Angst vor Verfolgung. Sie waren aber todunglücklich, dass sie ihre Neigungen nicht ausleben durften und sich zeit ihres Lebens tarnen und verstecken mussten. Sie selber, aber auch ihre Ehepartner und Kinder mussten darunter leiden. Noch vor gar nicht langer Zeit wurden Homosexuelle in vielen Ländern einfach ins Gefängnis gesteckt. Die Nazis haben Homosexuelle sogar ermordet. Dabei hatten diese niemandem etwas getan.

Zum Glück leben wir heute in einer anderen Zeit. Homosexuelle Menschen können in Europa ihre Neigungen ausleben, ohne fürchten zu müssen, dafür bestraft zu werden. Besonders Holland und Belgien sind sehr tolerante Länder, die gleichgeschlechtlichen Paaren viele Rechte einräumen. Allerdings ist es keineswegs schon völlig normal, dass sich homosexuelle Pärchen verliebt in der Öffentlichkeit zeigen.

Während zum Beispiel zwei sich küssende Männer in den großen Städten mittlerweile kaum mehr Aufsehen erregen, ist das in vielen kleinen Dörfern noch völlig anders. Wo „jeder jeden kennt“, müssen homosexuelle Menschen auch heute noch ihre Neigung verstecken, um nicht aus der Dorfgemeinschaft ausgeschlossen zu werden.

Mehr Rechte gefordert

Homosexuelle möchten jedoch nicht nur akzeptiert werden – sie fordern die gleichen Rechte für sich, die auch heterosexuelle Menschen haben. Dazu zählt auch, dass zwei Frauen oder zwei Männer einander heiraten dürfen. Die offizielle Bestätigung der Partnerschaft durch den Staat ist deshalb so wichtig, weil damit eine Menge Rechte verbunden sind. In Deutschland gibt es die „eingetragene Partnerschaft" seit vier Jahren.
Viele homosexuelle Paare, die zum Teil seit vielen Jahren zusammenleben, haben sich auf dem Standesamt das „Ja-Wort" gegeben. Ohne diese „eingetragene Partnerschaft" waren solche Paare früher oft ziemlich hilflos. Wenn einer der Partner zum Beispiel verunglückte und ins Krankenhaus musste, dann konnten seine Eltern es dem anderen Partner verbieten, den Verletzten zu besuchen. Und Ärzte brauchten dem besorgten Partner keine Auskunft darüber zu geben, wie es dem Freund oder der Freundin geht.
Ein anderes Beispiel: Wenn einer der Partner gestorben ist und seinem Lebensgefährten sein gesamtes Hab und Gut vererbt hat, dann konnte die Familie des Verstorbenen das Testament anfechten. Mitunter ging der Lebenspartner dann vollkommen leer aus und musste sogar aus dem gemeinsamen Haus ausziehen.

Kind mit zwei Papas

Besonders schwierig war es früher für Kinder, die mit zwei Vätern oder zwei Müttern aufwuchsen. Denn bevor der Staat gleichgeschlechtlichen Paaren die Möglichkeit bot, sich ihre Liebe vor dem Standesbeamten zu versichern, galten homosexuelle Beziehungen in Teilen der Gesellschaft als unmoralisch oder sogar verboten.
Wenn nun der leibliche Papa mal keine Zeit hat, darf auch der „zweite" Papa das Zeugnis unterschreiben oder sich mit den Lehrern am Elternsprechtag über die Leistungen seines Kindes streiten. Das macht das Leben in diesen Familien viel leichter. Aber leider bedeutet das noch nicht, dass Kinder mit zwei Müttern oder zwei Vätern immer von ihren Klassenkameraden akzeptiert werden. Dumme Hänseleien gibt es noch immer.

Ehe und „gleichgeschlechtliche Partnerschaft"

In Deutschland gibt es seit dem Jahr 2001 neben der „klassischen" Ehe zwischen Mann und Frau auch die „eingetragene Lebenspartnerschaft" zwischen homosexuellen Partnern. Deutschland steht damit nicht allein. Auch in Norwegen, Schweden, Dänemark, Finnland, England, Portugal und Frankreich gibt es „eingetragene Partnerschaften".

Aber es gibt auch Unterschiede zwischen eingetragener Lebenspartnerschaft und der „klassischen" Ehe. So müssen beide Partner einer „eingetragenen Lebenspartnerschaft" weiter Steuern zahlen, als wären sie noch ledig. Verheiratete Paare können hingegen meist Geld sparen, da sie häufig in eine niedrigere Steuerklasse rutschen. Eine Adoption fremder Kindern ist selbst für heterosexuelle Ehepaare sehr schwer. Für gleichgeschlechtliche Paare ist dies noch schwerer und wird nur in ganz seltenen Ausnahmefällen genehmigt.

Auf dem Weg zur Normalität

Noch immer gibt es streng konservative Politiker, die glauben, durch die „Homo-Ehe" würde das heilige Sakrament der Ehe in den Schmutz gezogen. Konservativ kommt vom Wort „konservieren" und bedeutet, dass diese Menschen die alten Werte bewahren wollen.

Einige Konservative behaupten, dass eine Ehe, in der keine Kinder gezeugt werden können, auch nicht von Gott gewollt sein kann. Wer eine Homo-Ehe zulässt, der sorge für den „Untergang der Moral". Dabei vergessen diese Menschen allerdings, dass gerade das Ausgrenzen von Minderheiten unmoralisch, verwerflich und unchristlich ist.

Noch immer reagieren viele Menschen verständnislos, verärgert oder sogar mit Abscheu und Verachtung auf schwule und lesbische Paare. Es dauert lange, bis sich eine Gesellschaft von alten, überholten Moralvorstellungen vollständig gelöst hat.

1. Lies den Text. Stelle W-Fragen an den Text (Wer? Was? Wann? Wo? Warum? Mit welchen Folgen?), unterstreiche Schlüsselwörter und kläre unbekannte Begriffe.
2. Tausche dich mit einem Partner über den Inhalt des Textes aus.
3. Habt ihr Vorurteile gegenüber Homosexuellen? Versucht zu klären, woher diese stammen.
4. Erarbeitet in einem Rollenspiel folgende Situation eines Coming-out:
   - ein Mädchen im Sportverein, das sich in eine Frau verliebt hat/mit einer Frau zusammen ist.
   - ein Junge erklärt seinen Eltern/Großeltern/seinem Bruder/seiner Schwester, dass er glaubt, schwul zu sein.
5. Besprecht die Rollenspiele, die ihr gesehen habt. Schildert aus der Sicht der Beteiligten, wie ihr euch während des Coming-out-Gesprächs gefühlt habt.

IV Sport – auch eine „große Liebe"?

Trippelschritte

Rich Wallace

Du nimmst ihn mit dem Außenrist mit, schlägst einen Haken nach links, dann nach rechts und spurtest am Verteidiger vorbei. Du bist so stark wie jeder andere auf dem Platz, sagst du dir, und jagst hinter dem Ball her.

Du musst vors Tor flanken, aber sie kommen von allen Seiten. Du drehst dich um die eigene Achse, strauchelst, und der Ball springt weg. Schon fliegt er zurück, halbhoch in die entgegengesetzte Richtung, und du fluchst und rappelst dich auf.

Es ist Mitte September und der Schweiß verdunstet schnell in der trockenen Luft. Das Atmen fällt leicht. Du bist fünfzehn, und sie sieht zu, und das Blut pocht dir in den Schläfen, wenn du dich drehst, tänzelst und mit dem Ball am Fuß über den dichten, gleichmäßig gemähten Rasen spurtest, der in der tief stehenden Sonne glänzt.

Dann kommt er zurück, schulterhoch, aber er senkt sich und du stoppst ihn mit der Brust, legst ihn dir vor und bringst ihn nach dem ersten Aufspringen unter Kontrolle. Dann hast du die Mittellinie überquert, vor dir das offene Feld, und du, der Ball, deine Mitspieler und der Wind, alles strebt dem gegnerischen Tor zu. Du ziehst von der Seitenlinie nach innen, das Kinn erhoben, die Augen weit aufgerissen.

Ein paar Trippelschritte, ein schneller Antritt, und du bist an dem Abwehrspieler vorbei, dann noch zwei lange Schritte und du schlägst eine hohe Flanke vors Tor zu Joey. Ein Zweikampf, ein Knäuel aus Ellbogen und Knien, und dann zappelt die Kugel plötzlich hinter den Armen des hechtenden Torhüters im Netz.

Du reißt jubelnd die Fäuste hoch. Dein ganzer Körper wird zur Faust, angespannt, aber nicht verkrampft, und du bist so stark wie jeder auf dem Platz. Du läufst und springst und stößt wieder die Fäuste in die Luft.

Du bist fünfzehn, und sie sieht zu, und du gewinnst. Du siehst das Gras im Licht der Spätnachmittagssonne leuchten, du spürst die Kraft und die Müdigkeit in deinen Muskeln, fühlst den Durst in deiner trockenen Kehle, und du hast es dir verdient, ihn zu löschen.

Du siehst deine Mannschaftskameraden, hörst die Schreie der wenigen Zuschauer, und du spürst, dass der Herbst in der Luft liegt.

1 Lies den Text: Was für eine Stimmung erzeugt der Text beim Lesen? Durch welche sprachlichen Mittel (Wortwahl, Satzbau usw.) wird das erreicht?

2 Schreibe einen ähnlichen Text, für eine Situation bei der Ausübung deiner Lieblingssportart, z. B. tolle Schneebedingungen fürs Snowboarden. Schreibe in der Ichform! Arbeite dazu in deinem Heft.

I Kartenabfrage

Bei einer **Kartenabfrage** sammeln alle Schülerinnen und Schüler einer Klasse oder Mitglieder einer Gruppe ihre Ideen, Gedanken, Erwartungen, Vorschläge und Inhalte zu einem bestimmten vorgegebenen Thema oder einer Frage. Das Ziel ist die Planung einer gemeinsamen Tätigkeit oder die Strukturierung eines Themas. Die Kartenabfrage ermöglicht allen zu sehen, welche Gedanken sich die Anderen gemacht haben. Das Ergebnis kann die Grundlage für eine Diskussion sein oder auch bei Entscheidungen helfen.

Zunächst wird die **Frage** gestellt oder das **Thema** vorgegeben. Dann erhält jeder ein oder mehrere Karten. Jeder beschriftet nun also seine Karte/seine Karten. Im Allgemeinen soll auf jeder Karte nur ein **Stichwort** stehen. Die Karten werden entweder mit Nadeln an einer Pinnwand befestigt oder mit Magneten/Klebestreifen an der Tafel/Wand. Zur besseren Übersicht kann die Frage oder das Thema als große Überschrift über den Karten angeschrieben werden.

Im nächsten Schritt haben nun alle die Möglichkeit, die Stichworte zu lesen und sich Gedanken über deren **Ordnung** zu machen. Ähnlich wie bei der Erstellung einer Mind Map werden in der Gruppe oder im Plenum Ober- und Unterbegriffe gesucht oder Schwerpunkte genannt, die es ermöglichen, die Karten sinnvoll zu ordnen. Auch die Ordnung nach bestimmten Themenfeldern ist möglich. Die Karten werden nun entsprechend umgehangen.

Die so entstandene Ordnung – eine Kartenwand – ist das gemeinsame Produkt der Gruppe/Klasse. Vielleicht werden besonders wichtige Karten noch einmal farbig hervorgehoben, andere Karten scheiden aus, weil sie gleiche oder zu ähnliche Stichworte enthalten.

II Ein Interview führen

Der Begriff „Interview“ stammt aus dem Englischen und heißt übersetzt Befragung. Die Gesprächssituation ist also dadurch bestimmt, dass einer an einen anderen Fragen stellt, die dieser beantwortet. Das kann ein sehr kurzes Gespräch mit nur wenigen Fragen sein, z. B. wie ein Sportler einen Wettkampf erlebt hat und was er sich für die Zukunft vorgenommen hat. Es kann auch aber auch ein umfangreiches Interview sein, wenn ein Mensch zu seinem gesamten Leben befragt wird, z. B. eine Künstlerin oder ein Politiker.
Grundlage aber sind die Fragen, die der zu Interviewende gestellt bekommt. Man sollte sie so genau wie möglich stellen, damit die Antworten zufriedenstellend ausfallen. Es gibt verschiedene Arten von Fragen:

- **Türöffnerfragen** sind Fragen über den Grund des Interviews, über das Befinden der Person und das Thema, das im Mittelpunkt des Interviews stehen wird.
  Bsp.: *Sehr geehrte Frau Dr. Hein, dass ist ja nicht das erste Mal, das wir uns begegnen. Noch vor wenigen Wochen in unserem letzten Interview haben wir ein Thema angesprochen, das zu dem Zeitpunkt nicht aktuell schien. Nun aber hat sich die Lage geändert und das Thema ist in aller Munde …*
- **geschlossene Fragen** zielen oft ganz genau auf ein Thema hin, oft können sie nur mit Ja oder Nein beantwortet werden. Bsp.: *Kommst du heute Abend mit ins Kino?*
- **offene Fragen** sind fast immer W-Fragen, die eine Antwort in keiner Weise einschränken.
  Bsp.: *Was möchtest du später einmal werden?*
- **Aktionsfragen** sind Fragen, die nach einer aktiven Beteiligung am Thema fragen.
  Bsp.: *Was werden Sie tun, um schnellstmöglich Abhilfe zu schaffen?*

Man kann unterschiedlich vorgehen, um ein Interview zu führen: Innerhalb der Klasse gelingt das im Doppelkreis, bei dem der Fragende die Fragen bereits ausgearbeitet hat und sich dann stichwortartig die Antworten notiert. Man kann dem Interviewpartner auch das Thema schon vorher nennen. So hat er Zeit, ein paar Erinnerungen aufzufrischen oder sogar ein paar Fotos herauszusuchen.
Ein Interview mitzuschreiben, ist gar nicht so einfach. Daher ist die Aufnahme des Gesprächs mit einem Mikrofon oder sogar per Kamera eine gute Lösung. Anschließend kann man das Interview in Ruhe auswerten und in eine schriftliche Form bringen.

I Ab ins Internet!

Fußball und Ballett
www.bundesliga.de
www.palucca-schule-dresden.de

Suchmaschinen für Kinder und Jugendliche
www.blinde-kuh.de
www.helles-koepfchen.de
www.geolino.de

II Büchertipps

„Verliebte" Literatur
Simone Buchholz: *Der Trick ist zu atmen. Erste Liebe, erster Sex und wie du beides überlebst.* Verlag Kiepenheuer & Witsch, Köln 2003.
Andreas Schlüter: *Verliebt, na und wie!* Deutscher Taschenbuch Verlag, München 2005.
Beatrix Mannel: *Jule, filmreif.* Ernst Klett Schulbuchverlag Leipzig GmbH, Leipzig 2005.
Schöner als Fliegen. Liebesgeschichten. Hrsg. von Uwe Michael Gutzschhahn. Carlsen Verlag, Hamburg 2004.
Susan Shreve: *Lollis, Lügen und die Liebe.* Deutscher Taschenbuch Verlag, München 2006.
Margaret Wild: *Jinx.* Deutscher Taschenbuch Verlag, München 2006.
Michael Wildenhain: *Mit heißem Herz.* Deutscher Taschenbuch Verlag, München 2007.

„Sportliche" Literatur
Thomas Fuchs: *Die Profikicker.* Arena Verlag, Würzburg 2002.
Thomas Fuchs: *Die Welt ist ein Fahrrad.* Thienemann Verlag, Stuttgart 2002.
Bernd Harder: *Das Dream-Team der Straße.* Verlag Kerle im Herder Verlag & Co., Wien 1996.
Gisela Kautz: *Der Turniersieg.* Thienemann Verlag, Stuttgart 1998.
Gaby Schuster: *Ein Lächeln für Django.* Schneider Verlag, 1995.
Rich Wallace: *Spielzeit.* Carlsen Verlag, Hamburg 1998.

Fahrplan zum Einsatz des Arbeitsheftes für den Lehrer

Wann?	Thema	Kompetenzen	Seite
▸▸ EINSTIEGE			
Vor der Lektüre	I „Weiber & Kerle“	Informationen ordnen	4
Vor der Lektüre	II In meiner Freizeit ist mir wichtig	Strukturierung von Gedanken; sich angemessen zu einer Frage äußern	5
Vor der Lektüre	III Was ist Freundschaft?	zu einem Thema Fragen entwickeln	6
▸▸ TEXTSICHERUNG			
S. 7–25	I Familienbilder	Text gezielt Informationen entnehmen	8
S. 7–25	II Die Unzertrennlichen	Textanalyse; Beziehung literarischer Figuren untersuchen	9
S. 26–48	III Ein Junge, der Ballett tanzt	Beziehung literarischer Figuren untersuchen	10
S. 51–79	IV Was für eine Blamage!!!	Spannungsverlauf untersuchen und grafisch darstellen	11
S. 80–106	V Alles wieder gut?!	Text gezielt Informationen entnehmen	12
S. 111–131	VI Das Projekt Ruby	Text gezielt Informationen entnehmen	13
S. 132–145	VII Angriff!	Textinformationen umformen (Zeichnung); Beschreibung	14
S. 146–177	VIII Da geht etwas schief	Text gezielt Informationen entnehmen	15
S. 178–194	IX Nie wieder reden über R.	Text gezielt Informationen entnehmen; Dialog schreiben (prod. Interpretieren)	16
Nach der Lektüre	X Eine Geschichte – zwei Storys	Text gezielt Informationen entnehmen und Texte vergleichen	17
Nach der Lektüre	XI Die Homepage einer „Machobirne“	Text in neuen Kontext setzen	18
Nach der Lektüre	XII Ein halbes Jahr später: Ruby und ihr Tagebuch	Tagebucheintrag schreiben (prod. Interpretieren)	19
▸▸ THEMEN & ASPEKTE			
Nach der Lektüre	I Rubys und Alinas Lieblingsdichter	Inhaltsangabe; Textinformationen umformen	20
Nach der Lektüre	II Ronnys und Lines Lieblingssong. Und der von Tims Eltern	Fächerverbindender Unterricht: Englisch; Übersetzungen schreiben und einander vorstellen	21
Nach der Lektüre	III Homosexualität: Frau liebt Frau – Mann liebt Mann	Text gezielt Informationen entnehmen; themabezogen diskutieren	22
Nach der Lektüre	IV Sport – auch eine „große Liebe“	Untersuchung sprachlicher Mittel; kreatives Schreiben	26
▸▸ WERKZEUGKASTEN			
	I Kartenabfrage		28
	II Ein Interview führen		29
▸▸ SERVICEHINWEISE			